FRIGØRELSE

UFULDENDTE SERENADER

Et Marcusesk erosbind

Kim Gørtz

FRIGØRELSE

UFULDENDTE SERENADER

Et Marcusesk erosbind

2025

SAGARO REC & PUB

ISBN: 978-87-7691-797-5

Forlag: BoD · Books on Demand, Strandvejen 100, 2900 Hellerup, bod@bod.dk

Tryk: Libri Plureos GmbH, Friedensallee 273, 22763 Hamborg, Tyskland

Vi kan kun skabe en almen vilje på grundlag af fornuften og aldrig omvendt, og fornuften eller fornuftigheden hænger i virkeligheden sammen med drifterne, nemlig den erotiske energis trang til at holde destruktionen tilbage.

Det er netop hvad jeg ville definere som fornuft: at beskytte livet, at begribe livet, at forskønne livet.

Herbert Marcuse

Samtaler med Marcuse, s. 33, 1979

Fraktionskampe

Kastrering & revolutionspotentiale

Den filosofiske stimulans, "numsens fænomenologi", den æstetiske dimension, et pust, et islæt, en solidaritet – den erotiske energi; forandring af behovssystemet, et nyt menneske – for fred, for lykke.

En radikal forandring, det kvalitative spring, den sociale kontrol og fremmedgørelsens logik; den instrumentelle fornuft, en tvangsfri forståelse, et opdragelsesdiktatur.

Et bedre liv, hvor "fornuften sidder i sproget", menneskeforstandens normative grundlag, realitets- og lystprincippet; livsproces, frigørelse, eros og skønhed, "der skal være fred, opfyldelse og lykke".

Retfærdighed og sandhed; frihedens (kyniske) fællesbevidsthed, en autentisk, rigere tilværelse, med livsdrifter og emanationsbevægelser, med *intelligentiaens ensomhed*.

Revolutionære teoridannelser, omvæltnings-processer og frigørelseskampe, kritiske potentialer, nye sensibiliteter og systemkritiske bevidstheds-dannelser; langt flere progressive modstød.

Modstandens strømninger, følsomme udelukkelses- og nedværdigelsesstrategier; krystallisationspunkter og frihedsskitser i fornægtelsessamfundet.

Alt for mange intellektuelle har antaget en beskeden og selvudslettende holdning i forhold til arbejderne, og har derigennem forsømt det eneste virkelig solidariske, de kunne gøre for arbejderne: at kritisere deres illusioner og at give dem indblik i de mekanismer, som undertrykker dem.
Marcuse, Samtaler med Marcuse, s. 180, 1979

… det er nødvendigt at sønderbryde det bestående meningsunivers (og den praksis som det indebærer) for at sætte mennesket i stand til at finde ud af, hvad der er sandt og falsk…
Marcuse, Politiske essays, s. 23, 1972

Hele mennesket må demonstrere sin deltagelse og sin vilje til at leve, dvs. sin vilje til at leve i en fredeliggjort, menneskelig verden. Den bestående orden er mobiliseret imod denne reelle mulighed.
Marcuse, Politiske essays, s. 62, 1972

… de intellektuelle kommer til at spille en så frygtelig afgørende rolle i samfundets produktionsproces i fremtiden…
Marcuse, Politiske essays, s. 80, 1972

Det er frigørelse fra det repressive, fra et slet, et forkert system – det være sig et organisk system, et socialt system, et mentalt eller et intellektuelt system: frigørelse ved hjælp af de kræfter der udvikler sig inden for et sådant system. Det er den afgørende pointe.
Marcuse, Frigørelsens dialektik, s. 154, 1969

Indhold

Habermas: ... hvad der gør os lykkeligere, hvad der gør omgivelserne smukkere, hvad der gør livet værd at leve.

Marcuse: Men det ved man da.

Habermas: Nu taler De som den gamle filosof: 'det ved man da'.

Marcuse: Ethvert menneske véd da, at naturen ser smukkere ud, når jeg ikke anbringer en tres-etagers bygning på stranden. Det skal man da ikke være filosof for at vide. Det er en appel til driftstrukturen. Det ser uden nogen som helst tvivl smukkere ud, det er mere tilfredsstillende, det er mere beroligende. Det samme gælder med hensyn til disse skide atomkraftværker.

Habermas: Hvis det var så enkelt, så havde vi jo ikke alt det lort, som vi sidder i.

Marcuse & Habermas

Samtaler med Marcuse, s. 34, 1979

Beroligelses-strategisk drifts-dynamik

Den subversive kraft, "den magtesløse skygge", "glemslens vande"; knæsættelsens grusomhed, præstationsprincippets destruktive aggression.

Den modstandsfyldte eksistensmåde og 'magt-asketiske inderlighed'; *regenereringen af arbejdskraften, den emotionelle batteri-funktion*, en forsorgsfunktion, "ud i det fjendtlige liv".

Et tilflugtssted for emotionelle og kognitive protest-potentialer; en erotisering og lystenergi af livsområder og livsmåder, en radikal praksis, som forandringsbevægende kraft, en organiseret spontanitet.

Den lyse og klare aften. Den frit formet og underholdende kærlighedssang. Som en forelsket bejler synges disse sange til en elsket læser: *Frigørelse. Ufuldendte serenader. Et Marcusesk erosbind.*

Det er helt Marcusesk!

1. Intellektuel praksis & massepsykologi
2. At aktivere erotisk energi
3. Opposition, afvisning; vægring
4. Kulturel snobisme
5. "Opium for intellektuelle"

Ufuldendte serenader på vej

Sæson 2

Singularitet. *Et Reckwitzsk illusionsbind*

Sker. *Et Kirkebysk begivenhedsbind*

Etos. *Et Spinozask substansbind*

Askese. *Et Schopenhauersk forestillingsbind*

Magt. *Et Foucaultsk galskabsbind*

Begær. *Et Freudsk neurosebind*

Selv. *Et Laingsk spaltningsbind*

Sundhed. *Et Frommsk hjertebind*

Skrift. *Et Barthessk tegnbind*

Tidligere udgivelser

Sæson 1

Frifundet. Et Kafkask procesbind

Inderlig. Et Kierkegaardsk eksistensbind

Væsentlig. Et Heideggersk værensbind

Aura. Et Benjaminsk passagebind

Hellig. Et Agambensk nøgenbind

Immobil. Et Sloterdijksk sfærebind

Fremmed. Et Rosask resonansbind

Flugt. Et Deleuzesk rhizombind

Livsvilje. Et Nietzschesk kraftbind

Negativ. Et Adornosk fortryllelsesbind

I dette steriliserede pseudo-velbefindende
vokser kedsommeligheden frem.

... uro bliver hurtigt bort-narkotiseret.

... at neutralisere fremvoksende harme...

... de frigørende behov?

Marcuse & Rothschild

Samtaler med Marcuse, s. 105-106, 1979

Bedøvet; repressionstendenser

Teoretiske skygge-boksninger, pædagogisk diktatur, umyndiggørelse og universel tolerance; volden civiliseret, human og nødvendig – "retten til revolution".

Et opdragelses-diktatur, som har fået os til; *"... at acceptere en tilværelse, der objektivt er ydmygende og ødelæggende for os som mennesker."* (s. 172, 1979)

En erotisk filosofi som en kvalitativ kulturrevolution, med modtagelighed, sensitivitet og ømhed – med en kreativ sensibilitet; dannelsen af en offentlighed med kritisk forpligtelse, med *intelligens i modsigelsen*.

"At stille sig til rådighed"; *at fastholde sin virksomhed som intellektuel og hæge om sin kritiske potens – den revolutionære intellektuelle med viljen til en erotisk tilværelse*.

Tolerancen, befrielsen i livet, frygtens flertalstyranni, systematisk fordummelse, et total-administreret samfund, et diskriminerings-maskineri; "en elskværdig skraldespand, en venlig afgrund." (E. Wind)

Skærer igennem, kløver, bryder itu; befrielses-processens afstumpede semantik – ”ethvert ords indhold er på forhånd formet” – burde blive oprørt.

En neutralisering; befries for den herskende indoktrinering, kræver et brud med det totalitære demokrati for fredeliggørelse og genoprettelsen af tankefrihed – en strømændring, et oprør.

Det repressive overflodssamfund; *”hvordan man kan bryde det tyranni, som den offentlige mening og dens skabere udgør i det lukkede samfund”*.

Subversive bevægelser og frigørende tolerance; at standse ordets spredning, pacificering – en fare-situation på ”ideernes frie marked” – en perverteret umenneskeliggørelse.

En frigørende og humaniserende kraft, håbløst spredt i samfundet; et åndeligt rum, der befrier sproget fra tyranniet – udvikler begreber, der kan rumme virkeligheden.

Intellektuel subversion, der ”tømmer hjernen”, den katalyserende kraft, den anderledestænkende; ”at erklære modstanden for berettiget”, helt forstenet.

En progressiv, politisk filosofi; en elitær klang og livsnerve, en revolutionær kraft af digtere, forfattere og intellektuelle – *outsiderne* – de underprivilegerede, det nye proletariat, den nye arbejderklasse – de rigtige *kæledægger*.

Sociologiske og psykologiske befrielsesbevægelser der tages i brug *til at kontrollere mennesker og regulere markeder*; en kritisk tænkning i et "eksistentielt fællesskab", med borgerlig ulydighed, med retten til modstand.

Den beherskelse, der gennemtrænger samfundet som helhed er "et angreb på friheden, på selve livet"; som indkapslet i produktionsprocessen, med en behersket protest mod truslen om en total tilintetgørelse.

Der er ikke længere noget uden for kapitalismen; i sprækkerne, *hvis vi vil opnå en forbedring og fredeliggørelse af menneskelivet – alle mennesker kan anses for at være potentielt revolutionære*.

Kvalt i en frygtet mobilisering, i krise-teorien, der svækker, knuser; man vil lytte, man kan stadig tænke, man er opslugt, i brud, uigennemførlig, i springet.

I en skabende eksperimenteren med produktiv-kræfterne, med den produktive fantasi; i en frigørende funktion af glæde, mod sjælefred og med god samvittighed.

I total kontrol, i et beherskelsessystem, med kampen for tilværelsen, freden, roen, skønheden, lykken; de vitale behov for frihed.

Jeg er en fuldkommen ubehjælpelig

og sentimental romantiker.

Marcuse

Politiske essays, s, 107, 1972

Subversiv radikalitet og fantasi

I et frit samfund, hvor den æstetisk-erotiske dimension og livsform, sansernes følsomhed er *kræfter der radikalt kan skabe en radikal forandring af systemet* – i den nye antropologi, i oprettelsen af et fredeliggjort livsmiljø, i;

"... en fuldkommen omdannelse af storbyerne og en genskabelse af naturen, efter at den kapitalistiske industrialiserings rædsler er afskaffet." (Marcuse, Politiske essays, s. 88, 1972)

At frigøre bevidstheden og den menneketype, der gennem en revne forsvarer livet, gennem sprækker af sensitivitet og solidaritet, med den æstetiske eros, hvor;

" ... målet er, at forandre selve viljen, sådan at mennesker ikke længere ønsker det, de nu ønsker sig." (Marcuse, Politiske essays, s. 101, 1972)

I overflodssamfundets totale brud med det vitale engagement i værdier for en fri menneskelig tilværelse; i frivillig trældom og utålelige livsvilkår.

I en autentisk frigørelse gennem den skabende fantasi af samfundet som et kunstværk, i en genskabelse af naturen, i intellektuel ro; med en ny sensibilitet.

Netop de kræfter, som satte samfundet i stand til at fredeliggøre kampen for tilværelsen, blev brugt til at undertrykke den enkeltes behov for en sådan frigørelse.

Dér, hvor levestandarden ikke er tilstrækkelig høj til at forsone folk med deres liv og deres herskere, dér udgør 'den sociale styring' af bevidstheden og 'videnskaben om menneskelige relationer' det nødvendige *cathexis* af drifterne.

Marcuse

Eros og civilisationen, s. 7, 1980

Stumt svigtede mishaget; lullet i søvn

Livsdrifter, beherskelsessystemet; koncentration af sjælelig energi, "den økonomiske pisk" – *de effektivt manipulerede og organiserede mennesker er frie*.

Trældom og underkastelse er blevet "naturlig"; en produktivitet *søger nye afsætningsmarkeder for forbrug og ødelæggelse, i det ydre og det indre rum*, aggression, fred – eros.

"Den indre askese", *et menneske gjorde det at leve et liv i glæde uden frygt til et mål – at gøre menneskets krop til et instrument for lyst; "... frie mennesker behøver ikke nogen revolution, og de undertrykte er ikke stærke nok til at befri sig selv." (Marcuse, Eros og civilisationen, s. 10, 1980)*

Mental hygiejne, kultur- og opdragelsesmaskinen; *"Menneskekroppens energi gør oprør mod den utålelige repression og kaster sig med hele sin vægt imod repressionens maskiner." (Marcuse, Eros og civilisationen, s. 10, 1980)*

Det romantiske, frigørelsesbevægelserne, genopbygningen; eros beskytter, opretholder og forstærker livet, til forsvar for livet, *et fattigt tilholdssted for den krænkede menneskelighed.*

Den falske klang, helt ind i masserne; *"Det rige samfund organiserer et 'ønske om skønhed og trang til fællesskab', fornyelse af 'kontakten med naturen', sindets berigelse, og udmærker uafhængig 'skabende virksomhed'."* (Marcuse, Eros og civilisationen, s. 16, 1980)

At genkende eros i den intellektuelle nægtelse; i "kampen for livet, kampen for Eros", hvor den sociale filosofi opsluges i helhedens lidelser, hvor opgaven er æstetisk.

Naturens erobring fuldført, livets mekanisering og standardisering, den åndelige forarmelse, den stadigt stigende produktivitet, håbet om et bedre liv; permanent undertvingelse af drifter, en øget ufrihed i uhæmmet anvendelse.

At diagnosticere hvad helheden fejler; tvang, hæmning, fortrængning, undertrykkelse af en ukontrolleret eros, "en vekslen i det mentale apparat", med slid og traumatisk erkendelse af skuffelse.

Et organiseret ego, hvis opmærksomhed, hukommelse, dømmekraft (fornuftsfunktion) og fantasi (afledningsfunktion) omformes til nyttig handling er "den store traumatiske begivenhed"; hvor underkastelsen bestandigt genskabes, og *det fortrængtes genopdukken* bandlyses.

"... det ufri enkelte menneske introjicerer sine herrer og deres påbud i sit eget mentale apparat." (Marcuse, Eros og civilisationen, s. 33, 1980)

Det hjemsøger sindet i ønsket om, at paradiset må blive genskabt, forrådt, erindringen prikker hul; nære selve livet, være selve livsdriften, at give frit afløb for pirring, af eros i "den store forenende kraft, der bevarer alt liv".

Stivner i selvafstraffelsens (selv)beherskelse, hvor lysten suspenderes og smerten hersker, en repressiv disciplin og (selv)kontrolmetode; en inddæmning, med neddæmpede *nærsanser*.

At binde sammen med emotionelle bånd; *"Mennesker lever ikke deres eget liv, men udfører præ-etablerede funktioner."* (Marcuse, Eros og civilisationen, s. 55, 1980)

Passiv afslapning og genskabelse af arbejdsenergi; *"... massemanipulationsteknikken har udviklet en underholdningsindustri, som direkte kontrollerer fritiden..."* (Marcuse, Eros og civilisationen, s. 57, 1980)

"Individet må ikke overlades til sig selv. For hvis det bliver det, og hvis det støttes af en fri intelligens" *sprænges realitets-jeget, en socialt nødvendig afseksualisering af kroppen*; polymorf-pervers.

Libidoens kultur- og livsopgave: *"... de aggressive impulser leverer energi til en stadig ændring, beherskelse og udnyttelse af naturen til fordel for menneskeheden."* (Marcuse, Eros og civilisationen, s. 61, 1980)

Den progressive impuls, et livskraftigt barbari, en indadrettet destruktivitet i den modne personlighed; samvittigheden, melankolien, "en slags samlingssted for dødsdriften."

Et samfund, der styres af
præstationsprincippet, må nødvendigvis træne
organismen i sin egen fremmedgørelse helt
ned i sine rødder – i *lyst-jeg'et*.

Marcuse

Eros og civilisationen, s, 57, 1980

Forskræmt befrielses- og praksispotentiale

Fødselstraumet, livmoderens Nirvana, undermineret af en mental umodenhed, hvor livet organiseres gennem beherskelse (arbejdskraft, beskyttelse, sikkerhed), i samfundsmoralens skyldfølelse; som ligger og lurer, i en frit svævende angst.

Erindringsspor opfrisker og genopliver; en hæmning, en mental katastrofe, den fuldkomne fred, et fravær af ethvert behov og begær, en indre erotisk tilskyndelse.

En drift til at kunne, i sublimeringens sfære; hvor kulturhæmningen tenderer imod selvødelæggelse, hvor "produktivitetens velsignelser" bliver tæmmet, sadistisk, smertefuldt.

Voldtaget; *mennesker må holdes i en permanent indre og ydre mobiliseringstilstand*, i tankeløse fritidsaktiviteter, i de anti-intellektuelle ideologiers triumf, i en sygelig romantik, i en fremmedgjort verden.

Kollektiv skyld, produktionskapacitet, afhumanisering og massekultur; *skjules under forlorne friheder, valgmuligheder og individualiteter* – forstener (i) muligheder og behageligheder.

"Den høje levestandard står i kontrast til den altomfattende kontrol over livet. … produktionen og forbruget er en undskyldning for beherskelsens tilstedeværelse. … ofre sin tid, sin bevidsthed, sine drømme." (Marcuse, Eros og civilisationen, s. 101, 1980)

Total mobilisering i angstens tidsalder, i en undervisnings- og underholdningsmaskine med lykkens levende led og den stigende fremmed-gørelse; at falde til hvile i "beskyttende skaller".

Genito-fugal; "at blive ladt tilbage i mørket", i aggressionspunkter, i eros-lignende længsel, at sætte livet på spil, hvor; *"… den sande form for frihed ikke er en uafbrudt erobringsaktivitet, men det at falde til ro i en afklaret viden om og taknemmelighed over at være til."* (jf. Hegel) (Marcuse, Eros og civilisationen, s. 113, 1980)

I det ontologiske klima, hvor "åndens sår læges uden at efterlade ar", i tilgivelse og forsoning; *"en produktivitet, der er receptivitet, en aktivitet, der er opfyldelse"*, i en evig fred, i dynamisk forening, hvor fremmedgørelsen ophæves.

En fredelig generobring, en erindring, eksistentielt afgørende, i en cyklisk udvikling, i fuldbyrdelsen, i en degeneration af livsdrifterne, hvor; *"Mennesket først kommer til sig selv … når evigheden er blevet nærværende her og nu."* (Nietzsche)

Individets smerte, frustration, impotens stammer fra et yderst produktivt og effektivt fungerende system, hvori de opnår en bedre levefod end nogensinde.

Ansvaret for indretningen af individets liv hviler på hellheden, 'systemet', totalsummen af institutioner, der bestemmer, tilfredsstiller og kontrollerer hans behov.

Den aggressive impuls rammer ud i et tomrum – eller rettere, hadet møder smilende kollegaer, travle konkurrenter, lydige funktionærer, hjælpsomme socialrådgivere, der alle gør deres pligt, og som alle er uskyldige ofre.

Marcuse

Eros og civilisationen, s, 100, 1980

Livslang fremmedgjort; kontrol & overvågning

En *erotisk holdning til tilværelsen*, evigheden som trøst for en fremmegjort tilværelse, en genfødelse, en genskabelse, hvor *væren i sit inderste væsen er en stræben efter lyst*, hvor; *"... den erotiske trang til at forbinde den levende substans i større og mere varige enheder er den driftsmæssige kilde til civilisationen."* (Marcuse, Eros og civilisationen, s. 121, 1980)

Forløsning, opsuget, knaphed i sjælelivet; at slække på kontrollen; *"... en trang, der ligger i det organiske liv til at genoprette en tidligere tilstand, som den levende organisme er blevet tvunget til at forlade under pres fra ydre forstyrrende kræfter."* (Freud) (Marcuse, Eros og civilisationen, s. 129, 1980)

Vendepunkterne; *omdannelse af dødsdriften til samfundsnyttig aggression, livets fødsel bliver ved med at være et traume, så længe livet stadig gror* – uden slid, uden smerte – drifts-frigørelse.

Sanselighedens sfære, lyst og trang, fornyet værdighed; den produktive fantasi i sit væsens intime harmoni, i en atmosfære af fred og skønhed, i stilhedens liv og livets stilhed, i glædens genforening med naturens *ekko*.

Når individets bevidsthed er blevet koordineret, dets privatliv afskaffet, dets følelser integreret med konformiteten, så er der ikke længere 'mentalt' rum til at udvikle sig på trods af sin skyldfølelse, til at leve med en bevidsthed, der er dets egen.

Marcuse

Eros og civilisationen, s, 100, 1980

Helhjertet engagement; usminket

I ubegrænset forbundethed, en væren-ét-med naturen, i "den oceaniske følelse", i en fundamental forbundethed med virkeligheden; forvandles til en ny eksistensform, i "den store nægtelse", i legens kontemplation.

Den erotiske forsoning i den æstetiske fantasi, der ledsages af lyst, en virkelig ikke-repressiv ordens inderste væsen, en ny civilisationsform – lader være frit – i samklang, i; *"… et forsøg på at forsone de to sfærer af den menneskelige tilværelse, der er blevet revet fra hinanden af et repressivt realitetsprincip – kulturfilosofien – at genskabe civilisationen gennem den æstetiske funktions frigørende kraft."* (jf. Kant, Schiller) (Marcuse, Eros og civilisationen, s. 167, 1980)

En filosofisk værdighed, hjemløse fantasier, eksistentiel sanselighed, trangen til at lege, følelserne, affekterne – sensualiteten; sanse-erkendelsen, som en ny æstetisk disciplin.

De erotiske rødder; "… en ny form for civilisation, der kan hele såret igen" – gennem en tredje impuls – *lege-trangen* (Schiller), "menneskets frigørelse fra umenneskelige vilkår".

Livets egen leg; "… mennesket er frit, når virkeligheden mister sin alvor, og når nødvendigheden 'bliver let'" – at leve i udfoldelse, med sine egne og naturens evner og muligheder, en æstetisk kultur, en udløsning af sanseenergi.

"Den æstetiske stat" (Schiller) kan overvinde tidens destruktive forløb ved en 'udløsning af repression', som "en højere form for kultur", hvis 'vilde begær' og 'spring', i hengivelse, skaber en fri kulturs opståen; som en drifts-frihedens genoplivelse.

En forvandling af libidoen, en erotisering af hele personligheden, som bandlyst, degenereret, med perversioner, tabuer, regelmæssighed, renlighed og reproduktion (som præstationsprincippet kræver); menneskets lykke, organismens liv – samfunds-værdiernes genopladning.

En erotisering af hele organismen, hvor en neurose isolerer; sublimeringens vej gennem en voksende sanselighed "i et system af ekspanderende og holdbare libido-relationer".

Eros som kulturbygger, som den polymorfe erotik, som kulturtræk; *"... som en 'have', der kan vokse, samtidig med at den får mennesker til at vokse. Det er den holdning, der oplever mennesket og naturen som forbundet i en ikke-repressiv og stadigt fungerende orden."* (Marcuse, Eros og civilisationen, s. 196-197, 1980)

Med arbejdet som fri udfoldelse, med arbejdslyst, arbejdsglæde, en værdifuld produktivitetsfilosofi i "den stigende fremmedgørelse"; at beskytte og bevare livet "gennem at omdanne biologisk spænding og udløsning til fri lykke".

Fremskridtet ud over præstationsprincippet
fremmes ikke ved at forbedre eller supplere
den nuværende tilværelse med mere
meditation, mere 'afslapning', ved at anbefale
og dyrke de 'højere værdier', ved at højne sig
selv og sit eget liv.

Sådanne tanker tilhører præstationsprincippets
egen kulturhusholdning.

Marcuse

Eros og civilisationen, s, 147, 1980

Det intellektuelle potentiale; tvangsfrit

Fortabt i "en trang til at genoprette den oprindelige enhed" genkaldes den uundgåelige afslutning, der gør selve lysten smertefuld; i resignation, med evnen til at glemme – med eller uden tilgivelse.

At generobre tiden, at bevæges af erindringen; i det skønne øjeblik, der krænker det afgørende tabu, som en genklang, som genopvækkelsens sprængstof og berigelseskultur.

Med en produktiv udvikling af personligheden; en produktivkraft, hvis terapeutiske lykkekrav, og tanker om helbredelse, hvis "mentale sundhed", sigter på et terapi-kursus i resignation, "hvor meget resignation kan et individ bære uden at gå i stykker"?

Den sunde personlighed genskaber, i en fremmedgjort verden, en samfundsorden *som er uhyre dårligt egnet til at udvikle sunde og lykkelige mennesker*; en disciplin i "hverdagens ulykke", som helbreder patienten til *at blive enten oprører eller martyr*.

En medgørlig resignation i det sunde individ, i en glorificering af tilpasningen, gør "den revisionistiske filosof", den indre tomhed og usikkerhed, til en indre styrke og integritet; at *trives i lænker* som "den psykoanalytiske filosof" – i "produktiv kærlighed" (Fromm).

Hvis værdierne 'indre styrke og integritet' skal betyde andet og mere end karaktertræk, som det fremmedgjorte samfund forventer hos enhver god borger i dennes forretning (de ville i så fald kun hjælpe med at opretholde fremmedgørelsen), så må de have noget at gøre med en bevidsthed, der både har gennembrudt fremmedgørelsen og dens værdier.

Marcuse

Eros og civilisationen, s, 235, 1980

Frihedsindskrænkninger; at kneble, *apatisere*

Den psykiske impotens i storslået harmoni, en produktiv tænkning, hvor neurosen er et symptom på moralsk fallit, såret i en internaliseret etik; i svingningerne af "at identificere lykken med en effektiv sublimering af den produktive kærlighed...".

I en meningsløs udsmykning, i protest, i resignation; en lemlæstelse, en kritisk regression;

"En virkeliggørelse af en 'bedre fremtid' (som) betyder langt mere end blot at fjerne de dårlige sider ved 'markedet', ved konkurrencens 'hensynsløshed', etc.; det betyder en fundamental ændring både i driftsstrukturen og i den kulturelle struktur." (Marcuse, Eros og civilisationen, s. 243, 1980)

At kvæle de behov, der kræver frigørelse; hvor effektivt kontrollen fungerer, udglatningens mest foruroligende træk, bekvemmeligheder, invaderet, nedbrudt, sløver, indoktrinerer, manipulerer – bliver til en måde at leve på.

Tankens udfoldelse standses af skranker, i stive, statiske livssystemer, i knugende produktivitet; i et permanent beredskab, mobiliseret, hvor urocentre holdes under kontrol – i velstandssamfundets helvede.

Udmattende, bedøvende, i det forcerede tempo, i anspændthed, en anstrengelse af hjernen, i nervemæssig forarmelse; i en berusende rytme, i udbytningen, i stigende magtesløshed, som "ophøjede slaver", *at eksistere som et middel, som en nydelig, ren, mobil ting*.

I fri tid, med fjenden, med frigørelsens spøgelse, som vanskabningen, at fredeliggøre; i forretningslivets orden, som den oprørske poet, krigeren, den fandenivoldske, narren, i denne rytme med *tid til og fornøjelse af at tænke, kontemplere, føle og fortælle*.

I kunstnerisk fremmedgørelse, i en tabt dimension, med en tabt kraft, som en undergravende styrke, en underminering, der bliver kaldt til live igen; *livets og tankens æstetik, hjulet i en kulturmaskine*.

Fremmedgørelseseffekten; det usete, urørte, uhørte – tankens store opgave – "den indsats, der får det, som ikke eksisterer, til at leve i os" (Valéry), *ordtilholdssteder* (Barthes).

Bedrageriet og forbuddet fordamper, i ensomhedens flugtmulighed, at 'være artig' med afskåret libido, af-erotiseret; "at elske på en eng" – som det begærede, hvor *friheden bliver en salgsværdi*.

Svækker protesten via mobilisering og administration af libido; som *en tynd overflade, der dækker over frygt, frustration og afsky – som en ømhed, af den art, der kun blomstrer i evigheden*.

Ødelæggelsesdriftens daglige husholdning, der forlorent opsuger knudepunkterne i den glatte nægtelse, helt magisk og hypnotisk; hvor *betydningen er stivnet, kastreret, forfalsket, skåret væk – tabt al erkendelsesværdi.*

Snævert hæmmes begrebet, der forkortes i fikserede billeder, der likviderer de forstyrrende begreber, der destabiliserer livsformen; at åbne sig for et sprog, der (endnu) *"ikke er bukket under for de hypnotisk-rituelle formler, der præger vore dages neo-konservatisme og neo-liberalisme."* (Marcuse, Det én-dimensionale menneske, s. 115, 1969)

Samfundets erobringer af tænkningen, fordrejninger af tænkningen, hvor "det 'urealistiske' betydnings-overskud bliver fjernet"; *"det, der finder sted er en altomfattende omdefinering af selve tænkningen, af dens funktion og indhold."* (Marcuse, Det én-dimensionale menneske, s. 119, 1969)

I et intelligent liv, med de filosofiske værdier, med tankefrembringelse i den kritiske spænding, som i tænkningens liv, *bios theoreticos*; "... hvor tænkning altid er andet og mere end individuel tænkning", i beskyttende samklang, på dette ængstelige standpunkt.

Den filosofiske tænkning som kritisk, negativ tænkning, som suspekt genopvækkelse, der "... fordamper ud i den etiske eller metafysiske atmosfære"; hvor "tingenes tæthed og dunkelhed fordufter...".

Teknologi kan ikke isoleres fra det, den bruges til; det teknologiske samfund er et helt system af beherskelse ...

... måder at omforme og udnytte mennesket og naturen på...

Det er ét projekt ... nemlig det at opleve, omforme og organisere naturen som rent objekt for beherskelse ...

... som former hele det univers, der udgøres af sprog og handling, intellektuel og materiel kultur.

Marcuse

Det én-dimensionale menneske, s, 16, 1969

Vilje til livet; eros, livskvalitet

Et løg uden kerne, en funktionel fysikfilosofi, *uden for den operationelle sammenhæng*, hvor spændingen genskaber en bane, en vej, som et potentielt middel, der enten kan *revolutionere eller retardere et samfund*;

"... når teknikken bliver den universelle materielle produktionsform, så kommer den til at afgrænse en hel kultur; den projekterer en historisk totalitet – en 'verden'". (Marcuse, Det én-dimensionale menneske, s. 165, 1969)

Beherskelsens metafysik og frigørelsens metafysik; forsoningen mellem logos og eros: *"Beherskelsens spind er blevet selve fornuftens spind, og dette samfund sidder fatalt fast i det. ... at vise de skranker, der forhindrer denne empiri i at komme ind på livet af virkeligheden, og i at etablere, eller rettere gen-etablere de begreber, der kan nedbryde disse skranker."* (Marcuse, Det én-dimensionale menneske, s. 180, 1969)

At helbrede tanke og tale, den filosofiske analyses terapeutiske funktion; *"De bestræbelser, der gøres i dag for at indskrænke filosofiens rækkevidde og sandhed, er frygtelige, og filosofferne forkynder selv filosofiens beskedenhed og frugtesløshed. Den lader den bestående virkelighed urørt; den afskyr al overskridelse. ... en akademisk sadomasochisme, en selv-fornedrelse og selv-fornægtelse af den intellektuelle... "* (Marcuse, Det én-dimensionale menneske, s. 184, 1969)

I vanviddet, hvor tanken er et verbaliseret gespenst;

"Hvis filosofien er andet og mere end tidsfordriv, så viser den de grunde, der har gjort sproget til et lemlæstet og vildledende univers." (Marcuse, Det én-dimensionale menneske, s. 204, 1969)

"... hvis filosofien virkelig bliver terapeutisk, ville den virkelig komme til sig selv. Filosofien nærmer sig dette mål i den grad den befrier tænkningen for dens slaveri af det etablerede og adfærdsmæssige univers..." (Marcuse, Det én-dimensionale menneske, s. 208, 1969)

"Følgelig er samfundets undertrykkelse i begrebsdannelsen ensbetydende med en akademisk indespærring af erfaringen, en begrænsning af betydningen." (Marcuse, Det én-dimensionale menneske, s. 218, 1969)

Når livets gang splintrer, handler det om at fremme 'livets kunst' gennem en 'fredeliggjort tilværelse', med en følsom intelligens, i en fri energi, i et traumatisk tomrum; med et liv uden frygt, hvor det gælder om, "at gøre fantasien lykkelig, at lade den udfolde sig i al sin frodighed..." (Bachelard) – i skrigende vægring...

Enhver frigørelse forudsætter erkendelsen af, at man befinder sig i slaveri, og denne erkendelse vil altid blive forhindret i at bryde frem af den overmagt, der udgøres af behov og behovstilfredsstillelse, som i høj grad er blevet menneskets egne.

Marcuse

Det én-dimensionale menneske, s, 26-27, 1969

Radikal filosofi; fredeliggjort

Den store Vægring, der gør det værd at leve, at befri ordene (og dermed begreberne), en kulturel omvæltning; frigørelsens drivkraft, længslen, bruddet – en smittebærende ny sensibilitet.

Den frigjorte bevidsthed, en æstetisk etos, et frihedens miljø, hvor:

"Jorden bliver renset for alt det materielle skrald, som kapitalismens ånd har produceret ... at beskytte og forbedre livet." (Marcuse, Frigørelsen, s. 39, 1969)

Fantasiens frihed, i sporet af en betydning, et brud med beherskelsens ordforråd, frigørelses-digtningen, en ny sansesfære:

"Hvis dette dødssyge livssystem skal ændres uden at blive erstattet af et andet dødssygt system, så må mennesker lære at udvikle en livs-sensibilitet – en sensibilitet over for deres eget og tingenes liv." (Marcuse, Frigørelsen, s. 51, 1969)

At give følelsen tilbage til livet, en poetisk retfærdighed:

"Når først fantasien blev løst fra sit trældomsforhold til udbytningen, så kunne den med hjælp fra videnskabens resultater, vende sin produktivkraft til

radikal genopbygning af erfaringen og erfarings-universet." (Marcuse, Frigørelsen, s. 57, 1969)

Genopbygning af samfundet som et kunstværk:

"Man kan kun tænke sig en forvandling som den måde, hvorpå frie mennesker (eller rettere, mennesker i færd med at befri sig selv) former deres liv i solidaritet og bygger en omverden op, hvor kampen for tilværelsen er fri for sine hæslige og aggressive træk." (Marcuse, Frigørelsen, s. 58, 1969)

En omvæltende kraft, en frigørende kunst og frigørende teknologi:

"For at situationen skal blive revolutionær er det en forudsætning, at kapitalismens verdensøkonomi svækkes i kritisk grad, og at det politiske arbejde intensiveres og udvides, dvs. radikal oplysning." (Marcuse, Frigørelsen, s. 70, 1969)

De umistelige rettigheder; liv, frihed og stræben efter lykke – oprørets ægthed, ømhed over for hinanden.

At gøre plads for at det nye kan komme frem: *"Hvad vil folk i et frit samfund tage sig til? Det svar, som efter min mening udtrykker sagens kerne, blev givet af en ung, sort pige. Hun sagde: 'for første gang i vores liv vil vi være frie til at tænke på, hvad vi skal tage os til.'"* (Marcuse, Frigørelsen, s. 106, 1969)

Filosoffen er ikke læge; hans opgave er ikke at helbrede enkeltpersoner, men at begribe den verden, de lever i – at forstå den ud fra det, den har gjort mod mennesket, og det, den kan gøre mod mennesket.

Marcuse

Det én-dimensionale menneske, s, 194, 1969